HISTOIRE

DE L'IMPRIMERIE,

A DIEPPE,

Par M. l'Abbé COCHET.

DIEPPE.

IMPRIMERIE DE LEVASSEUR, RUE DUQUESNE, 3.

1848.

HISTOIRE

De l'Imprimerie

A DIEPPE.

'IMPRIMERIE est, à coup sûr, la plus belle invention de l'esprit humain. Née sur les bords du Rhin, au milieu du XVe siècle (1), elle ne tarda pas à être implantée sur les rives de la Seine où elle reçut ce baptême de perfection que vient chercher toute grande chose dans ce centre des intelligences (2). Dès la fin du siècle qui l'avait vue naître, l'imprimerie, descendant le fleuve, avait pris racine dans la métropole de Normandie, ce pays de sapience, d'industrie et de travail. Les premiers livres imprimés à Rouen

(1) Les plus anciens imprimés de la bibliothèque Nationale sont de Venise, 1469; de Bamberg, 1460; de Mayence, 1457, et de la même ville, par Guttemberg, en 1450.

(2) On croit communément que l'imprimerie fut apportée à Paris en 1470, par trois Allemands associés, Ulriç Gering, Martin Crantz, et Michel Friburger.

furent des bibles, des manuels (ou rituels), des missels , des heures, des sermons et des mystères ; les classiques ne parurent qu'après eux (1).

Mais survint bientôt une secousse morale qui donna le branle à l'esprit de l'homme. Au xvie siècle parut la réforme qui se répandit surtout au moyen de l'imprimerie. La prédication était moins libre que dans l'ancien empire romain ; les lois du roi très-chrétien , comme celles des divins Césars atteignaient le prédicant des doctrines nouvelles. Aussi cette première levée de boucliers ne se fit guère qu'à l'ombre de la nuit. Le rationalisme moderne fut obligé, dès ses premiers pas, de se cacher sous le silence du livre et du pamphlet. Les lois n'attaquaient pas encore la presse qui venait de naître ; d'ailleurs peu d'hommes savaient lire : de cette sorte , le protestantisme de la raison humaine resta circonscrit dans un petit cercle d'initiés. Voilà pourquoi tous les hommes de lettres du temps de François Ier furent soupçonnés d'en être partisans. Le professorat fut mis à l'index et la science entière fut enveloppée dans une vaste suspicion. Amyot lui-même fut obligé de quitter Paris, sous l'accusation d'hérésie si injurieuse à l'un des plus savants hommes qui aient honoré l'Eglise.

On conçoit le rôle que dut jouer l'imprimerie dans cette lutte de l'esprit contre l'esprit. Les *petits livres* , comme on les appelait , furent toute l'artillerie dont se servirent les réformateurs pour démolir les abus du catholicisme et le catholicisme lui-même. Le colporteur Vénable, le premier dont le nom nous soit parvenu, vint de Genève en Normandie, envoyé par Calvin, le prince des réformateurs français. Il traversa la France à la faveur de son déguisement de porte-balle, vint à Rouen, puis à Luneray, où il sema chez les tisserands de ce village des libelles à foison. En 1557 , il pénétra jusqu'à Dieppe, malgré la vigilance qui en gardait soigneusement les

(1) Suivant les chroniqueurs et les bibliographes, l'imprimerie fut apportée à Rouen vers 1483, par Martin Morin, Pierre Maufer et Guillaume Letalleur, jeunes artistes que patronisait la famille Lallemant, la vraie fondatrice de l'art typographique en Normandie. — *De l'imprimerie et de la librairie à Rouen dans les* xve *et* xvie *siècles, et de Martin Morin, célèbre imprimeur rouennais,* par Ed. Frère. Rouen, Péron, 1843. — *Revue rétrospective normande* par A. Pottier. Rouen, N. Périaux, 1842.

portes. Il fut accueilli avec empressement par les tisserands et les manufacturiers de cette ville. Hélène Bouchard, riche drapière qui occupait des ouvriers à Dieppe
et à Luneray, hébergea l'apôtre de la nouvelle doctrine ;
elle lui acheta tous ses livres, les répandit dans ses ateliers et en remplit tout le pays. Quelques-uns de ces
petits livres sont arrivés jusqu'à nous ; ce sont des volumes d'un format exigu, presque carré, mais gros et
compact (très-fort in-18), renfermant beaucoup de
matières. La plupart sont imprimés chez Virel, nom célèbre dans la typographie primitive, nom que nous retrouvons tout à la fois à Paris, à Rouen et à Dieppe.
Presque tous traitent du culte de la Vierge et des saints,
des indulgences, de la vénération des reliques, des
pélerinages, des biens ecclésiastiques, de la confession
et surtout des désordres du clergé de ce temps.

Ces livres firent un effet inoui ; ce fut une telle explosion que quelques années après leur entrée frauduleuse à Dieppe, la ville était presque réformée et les
deux églises paroissiales transformées en prêches protestants. Il fallut plus de cent ans de luttes, de combats,
de prédications et de violences pour extirper la prétendue réforme du sol dieppois. Ceux qui en sont aujourd'hui les derniers représentants parmi nous peuvent
dire qu'ils ont traversé deux siècles de persécutions
quelquefois persécuteurs, mais souvent persécutés.

Les étonnants résultats obtenus par les colporteurs
de petits livres, l'incroyable débit qu'ils en firent, le
désir qu'ils inspirèrent à chacun d'apprendre à lire,
tout cela dut donner à quelques spéculateurs l'idée
d'exploiter cette tendance nouvelle de l'opinion publique, cet impérieux besoin de nos populations. Nul
doute qu'alors il ne se soit établi à Dieppe une imprimerie pour répondre aux exigences qui se faisaient jour.
L'état de la ville était si prospère sous tous les autres
rapports ; tous les arts y étaient cultivés avec tant de
succès que l'on ne saurait raisonnablement lui refuser
cette branche d'industrie qui complète si bien l'idée que
nous nous formons de sa prospérité matérielle. On nous
accordera tout au moins qu'il y avait alors des libraires à
Dieppe. Or, à cette époque reculée, libraire et imprimeur étaient tout un, il était rare que ces deux professions fussent séparées. Il y a cinquante ans on disait
encore imprimeur-libraire comme cela se peut lire sur
le frontispice de presque tous les livres.

Le premier libraire que nous trouvons à Dieppe est Guillaume Nazot qui, en 1617, fait quelques fournitures à l'église d'Offranville. C'est probablement aussi le plus ancien imprimeur. Mais au milieu du XVIIe siècle nous voyons l'imprimerie bien solidement installée à Dieppe et l'on y imprimait des livres pour des auteurs vraiment distingués. En 1642 le père Fournier, jésuite, fit imprimer à Dieppe, chez Pierre Dubuc, un volume de prières intitulé : *Prières pour réciter pendant la Messe*. Le livre peut avoir peu d'importance par lui-même, mais ce qui en avait beaucoup, c'était le nom de l'auteur, l'un des membres les plus distingués de la Compagnie de Jésus. Le père Fournier nous a laissé un grand nombre d'ouvrages sur la géographie, la cosmographie, l'art des fortifications et les mathématiques. Le plus grand travail qui soit sorti de ses mains est son *Hydrographie*, volume in-folio, qui est une espèce d'encyclopédie maritime de ce temps-là. Joly l'éditait à Paris (1643), en même temps que Dubuc imprimait à Dieppe, son livre de prières (1642).

L'eucologie, la liturgie, l'agiographie marquèrent probablement à Dieppe, comme ailleurs, les premiers pas de la typographie. Ce fut sans doute chez les Dubuc que l'on imprima, au milieu du XVIIe siècle, une vie de sainte Wilgeforte, suivie d'un office de cette sainte, tel qu'on le célébrait dans la chapelle d'Arques, qui lui était dédiée. Malheureusement le père Henri de la Crochinière, recteur des jésuites à Dieppe, qui, en 1705, envoya cette vie aux Bollandistes, ses confrères de Belgique, en nous apprenant que ce livre a été imprimé à Dieppe, ne nous révèle pas le nom de l'imprimeur.

Nous serons plus heureux du côté de la science.

L'hydrographie, cette étoile des navigateurs, ce véritable flambeau de la mer, dut faire gémir de très-bonne heure les presses dieppoises. Ce moyen puissant appliqué à la navigation en favorisa les progrès et le développement. Aussi, nous ne nous étonnerons pas de voir le plus célèbre des hydrographes dieppois, le prêtre Denys, publier à Dieppe, ses utiles et nombreux ouvrages. Ce savant homme, pour qui le grand Colbert créa dans son pays même une chaire d'hydrographie, fit imprimer tous ses travaux chez Nicolas Dubuc, *imprimeur-libraire et graveur du Roÿ*, dans notre ville. Il débuta dans la carrière dès 1648, par une *Façon nou-*

*celle de naviguer par les nombres, c'est-à-dire par
sinus, destinée à servir seulement dans les naviga-
tions de brief cours.* Nous n'avons pu nous procurer
aucun exemplaire de cet ouvrage, non plus que de ses
*Traités sur l'Aiguille aimantée, sur la Boussole, sur
les Déclinaisons de l'Aimant, et les Tables des Ampli-
tudes ortives*, publiées en 1668, l'année même où il fut
nommé professeur et comme pour justifier la haute
faveur dont il avait été l'objet. Nous n'avons pu trouver
également son *Discours sur la Déclinaison du Soleil*,
imprimé en 1669.

Mais, dans le *Catalogue général des Bibliothèques
qui relèvent du ministère de la marine et des colo-
nies*, nous avons trouvé mention de trois ouvrages du
prêtre Denys. Le premier se voit dans la bibliothèque de
Rochefort où il aura été porté du vivant de l'auteur par
quelques-uns de ses disciples; c'est un in-12 relié, avec
ce titre : *l'Art de naviguer par les nombres, dans lequel toutes les règles de la navigation sont résolues
par un triangle rectangle, comme dans les cartes hydrographiques. Dieppe, Nicolas Dubuc, 1664.*

Le second ouvrage figure dans la bibliothèque même
du ministère de la marine où il porte le numéro 1807. Ce
petit in-4° de 220 pages, avec figures, couvert d'une
demi-reliûre, s'appelle *l'Art de naviguer perfectionné
par la connaissance de la variation de l'aimant, ou
Traité de l'Aiguille aimantée*, par G. Denys. Dieppe,
Nicolas Dubuc, 1666 (1).

Enfin, le troisième ouvrage qui figure dans le *Catalogue* du même ministère, sous le n° 1498, est celui
dans lequel le savant professeur résuma toutes ses connaissances hydrographiques. Il l'intitula : *l'Art de naviguer, dans sa plus grande perfection, ou Traité des
Latitudes, dans lequel sont déduits les quatre moyens
dont se servent ordinairement les pilotes pour trouver la latitude du lieu auquel ils se rendent*, par
M. G. Denys, prestre, enseignant pour le Roy dans la
ville de Dieppe. Dieppe, Nicolas Dubuc, imprimeur libraire et graveur, devant l'hôtel-de-ville, en 1673. Nous
avons retrouvé ce précieux travail à la bibliothèque na-

(1). *Catalogue gén. des biblioth. du minist. de la
mar. et des col. — Biog. univ.* de Michaud t. LXII,
art. *Denys. — Journal des Sçavants* de juin 1666, p.
315.

tionale de la rue Richelieu. C'est un in-4° de 493 pages,
fort bien relié, fort bien imprimé. Un navire, représentant un trois-mâts du temps de Louis XIV, orne le frontispice ; c'est un échantillon du savoir-faire de Nicolas
Dubuc, qui, malheureusement, n'a pas laissé à Dieppe
de successeur dans son art.

Guillaume Denys vendait lui-même ses ouvrages et en
était le principal détenteur. Les chroniques nous appren-
nent qu'il en envoyait des dépôts à Rouen et à Paris.
Ses nombreux élèves les portèrent avec eux dans les différents ports de mer où ils établirent des écoles d'hydrographie, tels que La Rochelle, Bayonne, Toulon, etc.,
car Dieppe a été pour les ports de France l'école-mère
et maîtresse dans la science de la navigation (1).

Il faut que le dépôt des œuvres du prêtre Denys ait
péri dans le bombardement de Dieppe, en 1694, car on
n'en retrouve pas un seul exemplaire à Dieppe. Nous
avons cherché dans les bibliothèques de la ville et de
l'école d'hydrographie, chez les bouquinistes, chez les
capitaines et dans plusieurs bibliothèques particulières,
il n'en existe pas un seul exemplaire. Cette lacune est
un malheur pour une ville qui a la gloire d'avoir possédé
peut-être la première école d'hydrographie de l'Europe
et qui a donné naissance aux Descheliers, aux Levasseur,
aux Breton, aux Denys, aux Presot, aux Voutremer,
aux Caudron, aux Gaulette et aux Dulague.

C'est probablement à Dieppe que l'avocat Brebion
faisait imprimer en 1688 *le Phare de la mer*. M. Rault,
de Rouen, qui nous a fait connaître cet estimable travail,
dit que l'auteur mourut pendant qu'on imprimait la
première feuille (2). N'est-ce pas à Dieppe aussi que le
tisserand Levasseur aura fait imprimer ces cartes mari-
nes réduites dont l'invention lui est due? Nous se-
rions porté à croire que les mémoires des prêtres Breton
et Descheliers, qu'avaient vus le père Fournier pendant
son séjour à Dieppe, avaient été imprimés dans cette
ville, mais sur tout cela nous sommes réduits à des
conjectures.

Mais ce qui nous prouve de plus en plus combien

______

(1) Le *Journal des Sçavants* nous apprend que le
dépôt des ouvrages de l'abbé Denys était à Paris chez Sé-
bastien Marbre-Cramoisy, célèbre imprimeur-libraire de
ce temps-là.

2) *Mercure galant* de février 1689.

l'imprimerie dieppoise était vouée à la marine et à la navigation, c'est qu'en 1685, Gaulette ou Cauvette, hydrographe de Dieppe, qui cette année-là même ouvrait un cours de navigation dans le port de Toulon, fit imprimer dans sa patrie un in-12 ayant pour titre : *Nouveaux éléments d'hydrographie où, par une méthode courte et aisée, on peut apprendre de soi-même tout ce qui est nécessaire pour entreprendre et achever une heureuse navigation.* Malheureusement le biographe anonyme qui nous fournit ce renseignement ne donne pas le nom de l'imprimeur (1). Et nous savons que sous Louis XIV, il existait à Dieppe plusieurs imprimeurs. Nous citerons entr'autres Estienne Acher, *imprimeur-libraire devant la fontaine du Marché* qui, en 1657, imprimait une *Grammaire anglaise à l'usage des François qui veulent apprendre cette langue.* Petit in-8° de 205 pages.

Ce qui paraît certain sur toutes choses, c'est que la science hydrographique était devenue locale ainsi que les ouvrages qui l'enseignaient. Il s'établissait alors autant d'écoles que l'on comptait de grands centres commerciaux et maritimes.

Le Havre, déjà prospère sous Colbert, et qui menaçait d'absorber tous les ports de l'Océan ses devanciers, le Havre aussi avait son école et son imprimerie hydrographiques. Nous les voyons fonctionner concurremment avec celles de Dieppe. Le sieur Blondel Saint-Aubin balançait par ses publications et par son enseignement les travaux et les découvertes du prêtre dieppois. Nous aimons à constater que les deux écrivains s'exerçaient sur les mêmes sujets et sur des matières analogues. Qu'on en juge par les titres des ouvrages : *L'art de naviguer par le compas de proportions, par le sieur G. Blondel Saint-Aubin,* petit in-4°. Hâvre-de-Grâce, J. Gruchet 1673. — *Le véritable Art de naviguer par le quartier de réduction,* par le sieur G. Blondel Saint-Aubin. Hâvre-de-Grâce, Jacques Gruchet, imprimeur-libraire de Mgr le duc de St-Aignan et de la ville, 1680. On voit, par ce simple énoncé, quel était alors l'état de la science maritime dans nos principaux ports de mer.

Les hydrographes havrais ont grandi avec les années. Ceux de Dieppe, hélas ! ont bien décliné. Il en fut ainsi

(1) Manuscrit de Douvrendelle. 1710-20.

des deux ports, de leur commerce et de leur navigation. Après Louis XIV Dieppe ne produisit guère que Dulague (1) et encore ce savant professeur n'enseigna point dans sa patrie. Rouen le fit venir pour lui confier une chaire d'hydrographie qu'il illustra pendant le règne de Louis XVI, la plus brillante époque de la marine française. Dans le courant du xviii° siècle, le Havre produisit Faure, du Boccage de Bléville, l'abbé Diequemare et surtout le célèbre d'Après de Mannevillette, l'auteur du *Neptune oriental*, le plus beau monument hydrographique du temps des Lapeyrouse, des Cook, des Wallis et des Bougainville.

Mais ce ne fut pas seulement la science qui illustra la presse provinciale. La littérature eut aussi son tour et lui prêta son éclat. De bonne heure, la ville de Dieppe eut ses palinods, ses puys de la Conception, ses solerets de la Nativité et ses mitouries de la mi-août. Des poètes sans nombre rivalisèrent dans ces tournois de la gaie science et des saintes lettres. Depuis les frères Parmentier jusqu'à Mme Duboccage, depuis Crignon jusqu'à l'abbé Hamel, tout le monde monta sur la brèche, hommes et femmes, prêtres et laïques, marins et professeurs.

Quoiqu'il ne nous soit presque rien resté de ces combats livrés sur le Parnasse chrétien, nous ne pouvons nous empêcher de croire que la presse ait souvent reproduit les travaux des joûteurs et les pièces couronnées par les princes du puy. C'est ainsi que sont parvenues jusqu'à nous les poésies de ce Jean Parmentier, qui maniait la lyre d'une main et le gouvernail de l'autre.

Le premier temple consacré aux Muses dieppoises, dont le frontispice soit arrivé jusqu'à nos jours, remonte à ce Pierre Dubuc que tous les monumens s'accordent à montrer comme notre Guttemberg. C'est un recueil de poésies latines dont le titre seul nous a été conservé par le Père Lelong, dans sa *Bibliothèque historique de France*. — Le voici tel que nous l'avons lu : *Instauratœ Musarum deppensium sedes fundatumque verissimo Jovi delubrum. Deppœ, Dubuc,* 1648, *in-4°.*

Le dirai-je ? Une tentation dont je ne puis me défendre me porte à attribuer cette collection de pièces anonymes

____

(1) Ses *Eléments d'hydrographie et de navigation* comptèrent jusqu'à sept éditions du vivant de l'auteur.

aux pères de l'Oratoire, établis à Dieppe, depuis 1614. Ces prêtres savants, ces maîtres de la jeunesse dieppoise, ces professeurs d'humanités et de théologie qui produisirent Richard Simon et Brozen de la Martinière, virent des milliers d'élèves suivre leurs cours et assister à leurs leçons. Ce pays latin dut consumer bien des classiques et fournir ample matière aux labeurs de la typographie. Un collége est, par ses professeurs et par ses élèves, une mine féconde pour l'imprimerie et la librairie locales. On se rappelle encore les vastes travaux sortis des villes de La Flèche et de Trévoux qui n'avaient pourtant pour prospérer que leurs colléges de Jésuites. Nous devons à Trévoux le meilleur dictionnaire de la langue française, et l'un des premiers journaux qui aient paru en Europe, le *Mercure de Trévoux*. La presse, alors, ne se doutait pas du rôle qu'elle était destinée à jouer dans le monde ; dévouée tout entière à la littérature, à la science et aux arts, ce n'est que plus tard qu'elle devint politique et sociale. Mais le germe avait été déposé dans le sol par la science, et les hommes d'état ne firent que développer et étendre sa riche et splendide influence. Les savants ont semé, les politiques ont moissonné. C'est l'histoire de presque toutes les inventions humaines : chacune d'elles eut pour naître le cabinet d'un homme d'étude, et pour grandir, le tourbillon du monde dont elle changea la face. Ainsi en a-t-il été de la boussole, de la poudre à canon, de la vapeur, de l'imprimerie et du journalisme. La tête trouve, les bras appliquent. On aura beau faire, l'intelligence sera toujours l'âme de la société ; les bras n'agiront qu'après elle.

Le bombardement de 1694 détruisit tout à Dieppe, science et littérature, industrie et commerce. Il réduisit la ville au néant et l'obligea pour ainsi dire à une nouvelle création. Nul doute qu'il n'ait étendu sur l'imprimerie sa mortelle influence. Elle aura tellement disparu dans le gouffre, qu'il fallut demander à Rouen des typographes pour la réorganiser de nouveau. Rouen envoya un de ces hommes dont le nom représentait à lui seul tout l'art de la typographie. Un descendant de ces célèbres Viret, qui ont tant imprimé dans la capitale de la Normandie, pendant le xviie et le xviiie siècle (1), fut député

(1) Nous connaissons Eustache Viret, imprimeur à Rouen, de 1670 à 1679. — La veuve Viret, en 1698, et

dans ce port, illustré par les Cousin, les Parmentier, les Champlain, les Duquesne et les Cavelier-Lasalle. Dieppe, en le voyant venir s'identifier à sa malheureuse destinée et répandre sur ses ruines le souffle de la vie, lui témoigna sa reconnaissance en lui délivrant, le 15 janvier 1695 , des lettres de bourgeoisie , avec la permission d'exercer dans la ville l'art de l'imprimerie (1). Malheureusement cette pièce est perdue, elle devait être accompagnée de considérants du plus haut intérêt pour l'origine de l'industrie qui nous occupe. Il fut de plus gratifié du titre *d'imprimeur-libraire de la ville et du collége*, privilége dont il jouit jusqu'en 1699, époque où il demeurait dans la *Grande-Rue*, à peine relevée de ses cendres.

Du reste, le germe semé par Viret produisit rapidement ses effets. Le siècle n'était pas entièrement révolu, que Pierre Pillon, son successeur, donnait à la ville le plus grand labeur qui fut sorti des presses dieppoises, et l'on des plus importants sous le rapport historique. En 1700, Pierre Pillon, *seul imprimeur de la ville et du collége*, comme il s'intitule lui-même, mettait au jour son *Recueil général des édits, déclarations, lettres-patentes et arrêts du Conseil d'état*. Cette collection, qui fut continuée pendant les quinze ans qui suivirent, forme un beau volume in-folio, que l'on rencontre dans les bonnes bibliothèques de Dieppe. C'est après le *Cueilloir*, le monument le plus curieux à consulter pour l'histoire locale. Plus le temps avance, plus ce livre devient précieux. Véritable phénix sorti des cendres de la ville, espérons que le fer et le feu ne pourront jamais l'atteindre.

Pillon ne resta pas long-temps le seul imprimeur de la ville de Dieppe, car, dès le mois de janvier 1700, nous voyons reparaître les Dubuc, cette race antique de typographes qui remplit près de deux siècles parmi nous. Descendant du premier imprimeur dieppois connu, l'un d'eux s'était cru en droit d'imprimer, sans autorisation préalable, le *Tarif des droits de quayage* perçus

une autre Viret, en 1772. — *Catalogue des livres de la Bibliothèque Delasize*, pages 343, 573, 395, 400 et 411.

(1) Répertoire des titres, papiers, cartulaires, registres et comptes déposés aux archives de l'hôtel-de-ville de Dieppe, par P. N. Langlois, greffier de l'hôtel-de-ville, 1770.

par la coutume urbaine et archiépiscopale. Le **28** janvier 1700, intervint un arrêt du conseil qui le condamnait pour ce fait à une amende de dix livres, et à la suppression des exemplaires imprimés. Cette peine infamante ne corrigea pas Jean-Baptiste Dubuc. Il tomba en récidive dix ans plus tard et imprima sans autorisation aucune la pancarte des *Droits de travers, laignage et maltote,* droits qui se percevaient aux portes de Dieppe. Cette fois la peine fut très-sévère. Le 8 mars 1710, il fut condamné à une amende de 50 livres envers le roy, sa boutique et son imprimerie furent fermées pendant trois mois.

Le conseil de la cité ne fut pas toujours aussi sévère envers le sieur Dubuc, car le 8 mai 1716 intervint en sa faveur un autre arrêt du conseil qui le dédommagea du tort et de la flétrissure qu'on lui avait imposés seize ans plus tôt.

Du moment où les Dubuc reparaissent, Pierre Pillon ne s'intitule plus *seul imprimeur de la ville et du collége*, mais le 16 mai 1700, il signe simplement *imprimeur ordinaire de la ville*, et en 1703, il est toujours imprimeur de la ville et du collége. En 1705, l'établissement de Pillon était situé *rue au Laict*, aujourd'hui *rue Vauquelin.*

L'existence d'un imprimeur dieppois en 1719 nous est révélée au bas d'une *affiche* relative à des réparations à faire à l'église de Gonnetot, doyenné de Brachy. La pièce est imprimée à Dieppe, *chez Oursel, imprimeur du roy et du collége.* Cet Oursel est peut-être un Rouennais, successeur de Pillon et de Viret, car ce nom se retrouve à Rouen, dans le cours du xviiie siècle (1).

Le reste du siècle est presque exclusivement occupé

(1) Jean Oursel imprimait à Rouen en 1699 ; François Oursel, en 1759 ; et Louis Oursel, en 1780 et 1789. — *Catalogue de la Bibliothèque de M. Delasize*, pages 372, 380, 409. — Nos conjectures sur l'origine rouennaise d'Oursel sont confirmées par une lettre que M. Ed. Frère nous a fait l'honneur de nous écrire le 15 septembre dernier. Notre savant confrère, qui a fait des recherches toutes particulières sur l'imprimerie en Normandie, pense qu'Oursel, auteur et imprimeur des *Beautés de la Normandie*, est allé à Dieppe, vers 1700, former un établissement d'imprimerie.

par les Dubuc, sous toutes les formes. En 1745, c'est Jacques-Nicolas Dubuc, *imprimeur ordinaire de la ville et du collége*, qui demeure Grande-Rue, paroisse Saint-Remy. De cet atelier sortit, en 1755, un rôle long d'un mètre soixante-six centimètres, encore exposé dans le dépôt de nos archives municipales. Cette pancarte, calquée sur les rotules du moyen-âge, est intitulée : *Réglement de l'hôtel-de-ville de Dieppe pour l'extinction du feu, en cas de bombardement, du 30 août* 1755. On comprend l'utilité d'une pareille mesure dans une cité instruite par le funeste incendie de 1694. Les navires anglais commençaient à poindre à l'horizon. La France n'avait plus de marine ; nos côtes étaient sans défense, et malgré tout cela, nous allions commencer avec l'Europe entière la désastreuse guerre de sept ans.

Dubuc mourut avant la paix. Décédé le 20 mai 1760, à l'âge de 60 ans, il laissa une veuve qui prit la suite des affaires, et deux fils trop jeunes pour se mettre à la tête de l'opération. Plus tard, ils remplaceront leur père dans la double entreprise de la librairie et de l'imprimerie, et ils porteront à son plus haut point la gloire de la typographie dieppoise.

En attendant, elle fléchit avec la veuve Dubuc, qui *demeurait au Puits-Salé*, et qui porte le titre *d'imprimeur du roy*. Toutefois son passage ne fut point stérile, elle mit au jour un in-18 de 431 pages, intitulé : *Ordre de prières et exercices de piété pour la première communion des enfants.* On n'imaginerait jamais de combien d'exercices pieux et répétés on chargeait la faiblesse de l'enfance au beau jour de sa première communion. Les pauvres enfants visitaient processionnellement, comme des pélerins, toutes les chapelles, tous les couvents, tous les hôpitaux de Dieppe, et ils y stationnaient pour invoquer la protection des saints patrons. C'était bien sans doute, mais c'était trop, et nous doutons que cela leur causât autre chose qu'une fatigue excessive et un désagréable souvenir.

Une feuille volante intitulée : *Sentence du siége de police à l'hôtel-de-ville de Dieppe, du 2 juillet* 1767, porte aussi le nom de la veuve Dubuc, alors avancée en âge.

Nous avons encore de la veuve Dubuc un travail assez important, qui manque de date, mais que nous plaçons

avec vraisemblance entre les années 1760 et 1770. C'est
un volume in-12, de 370 pages, intitulé : *Association à
la famille de Jésus et Marie, sous la protection de
saint Joseph, établie aux maisons et collége de l'Oratoire*. Cela prouve ce que nous avons avancé, que le
collége de Dieppe fut toujours une cause de prospérité
pour le commerce de la librairie et de l'imprimerie.

Comme nous l'avons déjà dit, les deux industries se
confondaient communément en province et même dans
la capitale (1). A Dieppe, les Dubuc n'étaient pas seulement imprimeurs, ils étaient aussi libraires. Cette parti-
cularité nous est révélée d'une manière incontestable
dans l'ouvrage du prêtre Denys, sur la navigation, et en
tête de l'*Histoire de la Grèce*, de Cousin-Despréaux,
déclarée en vente chez Dubuc, imprimeur-libraire à
Dieppe. Il paraît bien toutefois que le commerce de la librairie n'avait pas chez nous une grande importance
dans le milieu du siècle dernier. Le roi de la littérature,
Voltaire, après avoir passé quelques jours à Dieppe (2)
écrivait à l'un de ses amis cette cruelle et ironique sentence qui dut faire baisser les yeux de notre cité hospi-
talière : « J'ai trouvé à Dieppe plus de trente cabarets
» qui font bien leurs affaires, et un seul pauvre libraire
» qui meurt de faim. » Le malin philosophe voulait sans
doute parler de cette pauvre famille Dubuc, dont les
travaux nombreux purent bien lui mériter quelque
gloire, mais dont la chétive échope ne lui rapporta jamais grand profit, car ses derniers représentants parmi
nous s'éteignent dans une honorable pauvreté. O Voltaire ! si après cent ans d'absence vous reveniez dans
cette ville de bains et de plaisirs, comme l'appelait na-
guère un ministre de la République (3), vous y trouve-
riez encore un seul libraire qui fait de bonnes affaires,
il est vrai ; mais il est escorté de plus de deux cents
cafés ou cabarets, qui en font de bien meilleures encore.

Cependant nous touchons à une époque vraiment

(1) *De l'imprimerie et de la librairie à Rouen*, par
Ed. Frère. p. 12.

(2) Voltaire, lors de son voyage à Dieppe, demeura rue
de la Barre, dans la maison qui porte le n° 10, occupée
alors par M. Feret, apothicaire.

(3) M. Recurt, ministre des travaux publics, lors de
l'inauguration du chemin de fer, le 29 juillet 1848.

mémorable pour l'imprimerie dieppoise ; le règne de Louis XVI marquera pour elle l'apogée de la gloire et du travail. De savants ouvrages sortent des mains des Dieppois. David Houard élabore et met au monde en 1776 son *Traité sur les coutumes anglo-normandes publiées en Angleterre depuis le xie jusqu'au xive siècle*. Ce grand travail, 4 volumes in-4°, qui formait la digne suite des *Anciennes Lois françoises* de Littleton, publiées par le même auteur parut chez J.-B.-J. Dubuc, au moyen d'une souscription de 36 livres. En 1780, Houard publia encore son *Dictionnaire de Droit normand*. Mais ce savant illustre, établi au sein ne la capitale de la Normandie, ne légua plus à sa patrie que sa gloire et son nom.

Un laborieux enfant de la ville, Cousin-Despréaux, historien et littérateur, y compose et y fait imprimer son *Histoire de la Grèce*, en 16 volumes in-8°. La maison Dubuc se chargera de ce labeur qui durera douze ans, de 1778 à 1789. Il finira avec la monarchie. En effet, l'histoire ancienne doit expirer au seuil des temps modernes.

Nous savons, par des traditions typographiques et par des mémoires manuscrits conservés dans la famille de l'auteur, que ce grand ouvrage fut imprimé à Dieppe, quoique le frontispice des volumes n'en parle nullement. On cherche en vain, sur les pages, à saisir le lieu d'impression. Ce soin de dissimuler l'origine provinciale d'une œuvre importante semblerait dire que l'on craignait de déprécier le produit par la provenance.

Aujourd'hui, c'est à peu près la même chose : on ne croit guère que l'on puisse bien imprimer en province ; et malgré les belles éditions sorties de Besançon, de Tours, de Lyon, de Moulins et de Rouen, on cherche toujours à donner du relief à son livre, en indiquant sur le couvert un libraire ou un éditeur de la capitale. Il semble que cette signature donne à l'ouvrage un brevet de capacité, ou lui serve de passeport dans la république des lettres. Tout ce que se permit Dubuc, ce fut de se mettre au nombre des imprimeurs-libraires chez lesquels l'ouvrage se vendait ; mais il se plaça modestement le dernier en liste.

Cousin-Despréaux avait mis bien des années à composer son *Histoire de la Grèce*, qu'il dédia à M. de Miromesnil, garde-des-sceaux de Louis XVI. Il l'avait écrite à Dieppe, à l'extrémité du monde, ce qui donne une idée de son amour pour l'étude, quand on songe combien il était éloigné des sources et du commerce des savants. Il fut aidé des conseils et du concours de quelques amis parmi lesquels il faut compter d'Ambournay et Roland de la Platière. Il eut pour collaborateur l'abbé Burgot, prêtre de Saint-Jacques, curé du Petit-Veules, homme instruit, mort en émigration, et qui a laissé dans ce pays une réputation d'éloquence et de savoir. Sa copiste fut mademoiselle Despréaux, sa fille, morte cette année plus qu'octogénaire. Comme les filles de Milton, elle reçut et fixa sur le papier les inspirations de son père.

Dans le même temps, M. Cousin-Despréaux faisait encore marcher de front chez l'imprimeur Dubuc un ouvrage fort important, au point de vue typographique et littéraire. Nous voulons parler des *Lettres sur l'Italie*, que Roland de la Platière faisait imprimer à Dieppe, uniquement à cause de ses liaisons avec M. Cousin, avocat du roi en cette ville. Tous les biographes disent que ces lettres furent imprimées à Amsterdam, en 1782, mais nous nous sommes assurés que c'est là un pseudonyme employé par l'auteur et fort en usage dans ce temps-là. Un dossier de lettres écrites par M. de la Platière à MM. Cousin et Cousin-Despréaux, conservées par M. Jean, juge au tribunal civil, nous révèle tous les détails de cette opération. L'ouvrage de M. de la Platière se compose de lettres écrites par lui dans un voyage sur la Méditerranée et adressées à Amiens à Mademoiselle Philipon, si connue depuis sous le nom de Mme Roland. Cette âme de la révolution française parle du livre dans ses *Mémoires*, et elle se plaint que des amis de Normandie aient fait tort à l'œuvre de son époux. On s'accorde assez à regarder cette collection comme un des meilleurs voyages philosophiques et industriels en Italie. Malheureusement, la rédaction en est défectueuse. La vérité nous oblige de dire que M. et Mme Roland, peut-être avec raison, rejettent ce défaut sur les ciseaux et les plumes dieppoises.

L'impression confiée à *monsieur Dubuc* commença en 1778 pour ne se terminer qu'en 1782. L'auteur s'impatienta mille fois de ce retard exagéré. En effet, cinq ans pour six volumes, c'est un peu trop. M. Roland fit lui-même les frais de l'entreprise qui montèrent à plus de 5,000 liv. Chaque volume, in-12, devait contenir en-

viron 500 pages et être tiré à 2,000 exemplaires. En
1780, il n'y avait encore que trois volumes d'imprimés,
que l'on envoya en feuilles à M. d'Ornay, de Rouen, qui
partait pour l'Italie. Le célèbre Houard avait été dési-
gné comme censeur de cette œuvre philosophique. Philosophe lui-même, Houard n'en tint pas moins rigueur à
son confrère, qui se plaignit souvent de sa sévérité. Il
est possible que M. Despréaux, homme fort religieux,
ait mis sur le compte de la censure des suppressions de
sa façon; mais il faut ajouter que M. Roland lui avait
donné plein pouvoir. Dans sa correspondance, il l'appelle *Platon* et se donne à lui-même le nom de *Thalès.*
On voit que tout était grec ou romain dans la France du
xviiie siècle. M. Roland demeurait alors à Paris, *hôtel de
Rome, rue de la Licorne.* Il venait souvent à Dieppe
passer avec Despréaux les fêtes de Noël. Voici le titre de
son ouvrage, tel qu'il l'envoya lui-même de Paris, et tel
qu'il a été placé en tête de chaque volume : *Lettres écrites
de Suisse, d'Italie, de Sicile et de Malte,* par M. ***
avocat en parlement, de plusieurs Académies de France,
de celle des Arcades de Rome, à mademoiselle ***, à
Paris, en 1776, 1777 et 1778, Amsterdam, 1780. — Sans
cette précieuse correspondance, nous n'aurions jamais
connu ce titre de gloire de la typographie dieppoise.

Cette manie du pseudonyme, si commune au xviie et
au xviiie siècle, nous prive d'une foule de renseignements sur les auteurs et sur les provenances typographiques. Une foule d'hommes célèbres cachèrent leur
nom sous le voile du pseudonyme, et enveloppèrent leur
œuvre de ce même mystère. MM. Lenglet du Fresnoy,
Bonaventure d'Argonne, Gérard, Baston, Desfontaines
et Lebrun Desmarettes, usèrent de ce stratagème littéraire. Mais personne n'en abusa plus peut-être que
notre célèbre critique Richard Simon, qui vingt fois
se couvrit d'un voile mystérieux et transparent (1). Tout
nous porte à croire qu'il entoura de cette ombre tuté-

(1) Nous citons ici par curiosité les différents noms
que s'est donnés le savant Dieppois. Nous en savons plus
de quinze, et nous sommes loin de nous flatter de les connaître tous : Récared Siméon, S. Moni (anagramme), Jérôme Acosta, Saint-Jore, de Romainville, Jérôme Leca-
mus, Origène, de Simonville, Jérôme de Sainte-Foi, Ada-
mantius, le Rabbaniste, le Prieur de Bolleville, R. Delisle,
prestre de l'église gallicane, un Docteur de la Faculté de
Paris, etc.

faire jusqu'à la provenance de ses œuvres. Très-long-
temps Richard Simon habita Dieppe. C'est là qu'il
écrivit plusieurs traités contre les théologiens de
Hollande, notamment contre le célèbre M. Le-
clerc. Or, quand on songe à toutes les difficultés
que présentaient à cette époque les communications
avec Rotterdam, La Haye, Amsterdam, Paris même,
soit pour l'envoi de la copie, soit pour la correction des
epreuves, on est très-porté à croire que quelques-uns
de ses ouvrages ont été imprimés à Dieppe. Cette ville
alors avait des imprimeries bien montées, et le voisi-
nage de ces établissements devait fournir à l'auteur une
occasion commode pour la confection matérielle de son
œuvre. Nous sommes donc tentés de penser que son
traité de *l'Inspiration des livres sacrés* et sa *Réponse
au livre intitulé : Sentiments de quelques théologiens
sur l'histoire du Vieux-Testament*, soi-disant imprimés à *Rotterdam*, l'ont été à Dieppe, sous les yeux
même de l'auteur, qui alors habitait sa patrie.

Dans les dernières années de sa vie, Richard Simon
avait eu la pensée de faire une histoire et une biographie
dieppoises. Déjà, au dire de David Houard, son neveu,
il avait rassemblé une foule de notes qu'il était sur le
point de rédiger et de mettre en ordre, quand la mort
vint le surprendre encore dans la force de sa pensée.
Nous ignorons ce qu'est devenu cet enfant de la vieillesse
de l'illustre champion des saintes lettres ; mais, à
coup sûr, cette pensée de son cœur était de nature à
réjouir et à honorer sa patrie.

Cette histoire manquée n'était que partie remise. Ce que
les presses dieppoises n'exécuteront pas au commence-
ment du siècle, elles auront à le confectionner vers la
fin. Pendant que Servin donnait (1) une *Histoire de
Rouen*, et que l'abbé Pleuvry racontait aux Havrais
l'origine de la ville de François Iᵉʳ, Desmarquets exposait
aux Dieppois l'histoire d'une ville dont la naissance se
perd dans la nuit des temps.

Cette composition toute locale devait sentir son crû
dans toute son étendue. En conséquence, elle ne pou-
vait échapper à Dubuc dont la juste renommée avait
attiré des commandes de Fécamp, de Rouen et même
de Paris. Aussi, en 1785, après deux années de travail,

(1) Servin était né à Dieppe, en 1746.

parurent deux volumes in-12 , renfermant 789 pages , sous ce titre : *Mémoires chronologiques pour servir à l'histoire de Dieppe et à celle de la navigation française, avec un Recueil abrégé des priviléges de cette ville.*

Le privilége du roy, donné à Paris, le 2 juillet 1785 , veut que le livre soit fait *de beau papier et en beaux caractères.* On peut dire que Dubuc se conforma aux clauses de la concession, car l'ouvrage est très-soigné pour le temps. Le bon Louis XVI exigea de plus de *son imprimeur* qu'il déposât deux exemplaires à la Bibliothèque Royale, un seul exemplaire à celle du Louvre et deux autres dont l'un pour le chancelier Meaupou et l'autre pour M. Huc de Miromesnil, garde-des-sceaux de France. Aujourd'hui les conditions de dépôt sont moins rigoureuses. La loi n'exige plus cinq exemplaires. Elle se contente de deux qui sont envoyés à la préfecture de chaque département , pour être de là transmis à la Bibliothèque Nationale.

Le pauvre abbé Guibert fut moins heureux que le maître des eaux et forêts. Ses *Mémoires* qu'il avait élaborés avec tant de peines pendant cinquante ans, il n'eut point la consolation de les livrer au public. Lui , vétéran de l'histoire locale, il se vit devancé par un jeune homme qu'il avait vu naître, auquel il avait servi de pilote et dont il se voyait réduit à devenir le piedestal. Le chroniqueur dut céder le pas à l'historien, le compilateur à l'écrivain. Malgré sa modestie habituelle, cela dut lui paraître amer. Heureusement Guibert ne vit pas achever la publication des *Mémoires chronologiques.* La mort moins cruelle que la presse lui épargna ce crève-cœur.

Mais il est un travail que le bon prêtre dieppois eut la consolation de mettre au jour quatre ans avant son décès. Nous voulons parler de *l'Office de Saint-Remy,* patron de la paroisse où il était né et où il avait vécu 85 ans. Cet office, qui forme un petit volume in-18 de 156 pages, a été imprimé en 1780 chez Dubuc frères. On en fit deux éditions dans la même année, l'une en latin seulement et l'autre en latin et français. Une édition notée parut en même temps mais elle fut imprimée à Rouen, chez Pierre Seyer, ce qui prouve, ce me semble, que la typographie dieppoise ne possédait pas de caractères notés.

Ce premier tirage dut être fait à grand nombre d'exemplaires, car il a suffi pendant plus d'un demi-siècle à la consommation des fidèles et aujourd'hui encore, malgré de nombreuses révolutions on le rencontre chez presque tous les paroissiens. Deux nouvelles éditions ont paru depuis quinze ans, la première par les soins de Mme Baillet, chez M. Delevoye-Barrier, en 1834 ; la seconde par Mme Quesnel-Hellot, en 1844, chez M. Delevoye fils. Mais n'anticipons pas sur les événements.

Les deux frères Dubuc, unis et indivis dans l'impression de *l'Office de Saint-Remy*, ne tardèrent pas à se séparer. La même année 1780 nous voyons un *Office des sacrés Cœurs de Jésus et de Marie*, in-12 de 130 pages, imprimé chez J.-B.-Jos. Dubuc. Ils durent se séparer vers cette époque. L'aîné, Nicolas-Gilles Dubuc eut la librairie, le plus jeune, J.-B. Joseph, dirigea l'imprimerie avec le brevet *d'imprimeur du Roy*. Ce dernier demeurait dans la Grande-Rue vis-à-vis la place d'Armes, dans la maison qui porte le numéro 50, depuis 1792, époque où pour la première fois on numérota les maisons de la ville. C'est dans cet atelier que fut imprimé en 1789 un important recueil in-4° renfermant trois planches et intitulé : *Collection de mémoires et de plans relatifs au port de Dieppe*. Ce répertoire qui est des plus intéressants pour l'histoire du port le cède cependant en importance à la collection du même genre qui fut imprimée à Rouen, chez Louis Oursel, en 1790 (1).

La ville de Dieppe s'agitait alors dans la perspective d'une prospérité qu'elle n'atteignit jamais. Pour y arriver, elle avait conçu de gigantesques projets de travaux publics. Elle voulait creuser des bassins, construire une nouvelle entrée du port et exécuter jusqu'à l'Oise un canal de grande navigation. Ce dernier surtout a été pendant un demi-siècle l'objet de toutes ses convoitises. Plus de soixante années durant, cette pauvre cité, agonisante par suite des guerres et de la désertion du commerce, poursuivit ce rêve avec toute l'ardeur d'un naufragé qui s'attache à sa dernière planche de salut. Indiqué par Vauban, le plus grand génie du siècle de Louis XIV, sérieusement élaboré par M. Lemoyne de 1772 à 1792, le canal de Dieppe ne fut abandonné com-

(1) *Collection de Mémoires et de plans relatifs au port de Dieppe*, in-4° de 216 pages, avec 4 planches très-soignées. Rouen, Louis Oursel, 1790.

plètement qu'en 1825. Pendant les vingt-cinq dernières années du XVIIIe siècle, il fut l'occasion d'une foule d'études, de plans, de mémoires, d'enquêtes et de polémiques. Rouen et Paris imprimèrent des pièces pour ou contre. Dieppe ne resta pas oisif dans une lutte qui intéressait si fort son avenir. Ses presses furent mises à contribution et ses typographes devinrent les principaux auxiliaires des négociants, des marins et des ingénieurs. La chambre de commerce possède une assez belle collection de mémoires publiés dans cette circonstance. Nous y avons rencontré les pièces suivantes : *Lettres-patentes qui autorisent l'ouverture d'un canal de navigation dans la vallée d'Arques, conformément au plan de M. de Cessart, données à Versailles, le 24 janvier 1778*, in-4º de 24 pages, Dieppe, J.-B.-J. Dubuc. — *Lettre sur le canal de navigation de Dieppe à l'Oise, écrite par la municipalité de Paris à messieurs de la chambre consulaire et de commerce de Dieppe*, in-12, Dieppe, J.-B.-J. Dubuc, 1790. — *Recueil de pièces relatives à l'ouverture d'un canal de navigation de l'Oise à Dieppe publié par la commune de cette dernière ville*. In-4º, Dieppe. J.-B.-J. Dubuc, vis-à-vis la place, 1790.

Outre ces travaux d'histoire, de liturgie, de jurisprudence, de littérature, d'intérêt local et de travaux publics, on agitait aussi à Dieppe des questions de philosophie morale. Le duel était alors une plaie sociale très-répandue quoique très-sévèrement réprimée. Flètrie par la religion, par la morale et les lois de l'état, cette lèpre n'en continuait pas moins ses ravages dans les rangs de l'armée où elle était devenue héréditaire. Ce n'était pas seulement dans les camps et dans les grandes places de guerre que ce fléau exerçait ses ravages, il les étendait jusqu'aux plus petites garnisons et aux plus humbles châteaux militaires du rivage. — Voici ce que nous lisons à ce sujet dans un chroniqueur dieppois. —
« Le vendredi 11 mai 1755, sur les sept heures du
» matin, derrière le château de la ville fut tué le nommé
» Ramin par le nommé Dupréel, et cela par duel : le ca-
» davre fut ouvert et vuidé et salé à la prison de cette
» ville où il resta jusqu'aux premiers jours de septembre
» de la même année que la sentence fut mise à exécution,
» sçavoir ledit cadavre traîné sur la claye derrière le cul
» d'une charrette et ensuite pendu par les pieds dans
» la place du marché et ledit Dupréel pendu en effigie. »

Ce fut sans doute à cette occasion ou pour d'autres semblables, que fut composé et imprimé chez Dubuc, en 1785, un traité *De l'énormité du duel* qui forme un volume in-12. Nous n'avons pu nous procurer aucun exemplaire de cette œuvre philosophique dont l'auteur s'est modestement dérobé à nos éloges.

Mais voici venir la grande révolution française, ce cataclysme social qui engloutira dans son gouffre les institutions et les hommes. Comme aux premiers jours du monde Dieu créa, à force de déluges et de marées, le sol terrestre sur lequel nous vivons, de même la révolution a entassé sous nos pieds la ruine d'un passé de quatorze siècles pour former avec la poussière des âges ce sol nouveau sur lequel nous sommes appelés à bâtir, avec tant de peine, l'édifice de la société moderne.

L'imprimerie fut le grand levier avec lequel les hommes du mouvement secouèrent le monde immobile du passé. Au XVIe siècle cette terrible invention avait rompu l'unité chrétienne qui régnait sur cette terre depuis la chute du paganisme ; au XVIIIe, elle brisa l'unité monarchique qui datait de Pharamond et que Richelieu avait resserrée avec des liens plus étroits et plus forts. — La voix de Mirabeau était puissante au sein de l'Assemblée, mais elle se fût éteinte sous les échos du Jeu de Paume sans les mille voix de la presse qui, comme les trompettes de la renommée, la faisaient retentir d'un bout de la France à l'autre. Les pamphlets et les journaux furent aussi forts pour démolir le vieil édifice que la Convention et les échafauds. La puissance de l'imprimerie est telle sur les esprits que l'on peut dire qu'elle est la raison de ce qui est et qu'elle seule renferme le secret de l'avenir. — Mais revenons à nos ateliers dieppois.

Si la révolution donna à l'imprimerie une nouvelle impulsion vers les choses politiques, elle détruisit aussi quelques-unes de ses premières sources de prospérité par l'anéantissement d'anciennes institutions. Une des bonnes fortunes de la famille Dubuc à la fin de sa pacifique industrie, avait été la clientèle de l'Abbaye de Fécamp. Cette marque de confiance était due à la bonne renommée que cette maison s'était acquise. Le royal monastère était une des plus fortes *pratiques* de l'établissement. L'abbé de Fécamp publiait des mandements, des ordonnances, des lettres pastorales comme un évêque.

Ne relevant que du Saint-Siége il conférait de plein droit à une foule de cures et de bénéfices ecclésiastiques. Dès-lors il lui fallait des formules d'information et d'institution canonique, des monitoires, des dispenses, des lettres d'avis et tout le détail qu'emporte avec soi une juridiction importante. Ce fut vers 1780 que l'Abbaye abandonnant la typographie rouennaise se tourna vers celle de Dieppe. La famille Besongne imprimait pour Fécamp en 1747 et 1776, mais en 1783 c'était la famille Dubuc. C'est du moins ce que prouve la pièce suivante : *Mandement du R. P. prieur de l'Abbaye et exemption de Fécamp, immédiate au Saint-Siége, pour faire chanter le* Te Deum *en actions de grâces de la paix.* Dieppe, Jean-Baptiste-Joseph Dubuc, imprimeur du Roy, vis-à-vis la place. 1783, in-4° d'une feuille.

La seconde pièce que nous possédions et peut-être la dernière qu'ait fait imprimer le puissant monastère est un *Discours de Dom Quennouel, procureur de l'Abbaye de Fécamp à l'installation de la municipalité, le 14 février 1790.* Hélas ! la pauvre abbaye venait de signer sa démission. La puissance féodale abdiquait en faveur de l'institution communale ; le maire remplaçait l'abbé, le curé succédait au prieur, la paroisse absorbait le monastère. Peu de mois après, ce cloître, illustré par tant de savants hommes, s'ouvrait pour jeter dans le monde une foule d'existences déplacées et malheureuses.

Mais ne quittons pas l'imprimerie et épuisons en peu de mots ce qui nous reste à dire sur l'histoire du dernier rejeton d'une vieille race typographique.

La révolution ne déplaça pas seulement le moine et le prêtre, elle changea aussi la position de l'industriel et de l'artiste. Privé de tout travail par suite de cette grande modification sociale, Dubuc aspire à quitter Dieppe désormais réduit à végéter. Il part pour Paris où la liberté de la presse promettait une ère nouvelle à la typographie. En effet, une grande activité était déployée dans ce centre du mouvement révolutionnaire. Plus de quatre cents imprimeries s'y étaient installées (1) comme par enchantement. Chaque célébrité voulait avoir son journal, chaque opinion, son organe. Le citoyen Antoine Joseph Gorsas, qui fut depuis membre de la Convention

(1) *Vade mecum ou l'indispensable des typographes,* p. 52.

et l'une des victimes de notre grand orage politique, Gorsas, dis-je, avait fondé en 1789 *le Courrier de Paris*, pour faire suite au *Courrier de Versailles*. En 1791, il l'intitula : *le Courrier des LXXXIII départements*, consacrant ainsi la nouvelle division territoriale de la France. Enfin en 1792, lorsque la République eut été proclamée, Gorsas appela sa feuille *le Courrier des départements*. C'était une espèce d'ouvrage in 8°, paraissant par livraisons hebdomadaires. Le fougueux conventionnel en était à la fois le rédacteur et l'imprimeur. Cette double besogne l'écrasait. Pour la corvée matérielle il s'associa Jean-Baptiste-Joseph Dubuc ; aussi lisons-nous à la fin des numéros de décembre 1793, cette rubrique : *Des imprimeries réunies de J.-B.-J. Dubuc et A.-J. Gorsas, rue Tiquetone, numéro 7.*

Dubuc imprimait aussi les ouvrages révolutionnaires à l'ordre du jour. Nous pourrions citer entr'autres le *Catéchisme républicain* qu'il ne faut pas confondre avec celui de M. Garnot. Le premier arriva jusqu'à Dieppe, où le second n'est jamais parvenu. Sur les registres municipaux on trouve à la date du 19 germinal an II (8 avril 1794), que le citoyen Dubuc, imprimeur, fait don à la commune de 100 exemplaires du *Catéchisme républicain*. C'était tout à la fois une réclame de librairie et un don patriotique. Après cette offrande à la patrie nous n'entendons plus parler de son existence parisienne devenue précaire et chancelante.

Avant de partir pour Paris, Dubuc avait vendu son imprimerie à un jeune compositeur qui depuis long-temps travaillait sous ses ordres et qui l'avait aidé dans des jours difficiles. Louis-Charles Godeby, né à Coqueréaumont, paroisse d'Ancourt, en 1759, était venu de bonne heure à Dieppe où son père avait obtenu la place de *mesureur à la halle au blé*. Tout jeune encore il s'était senti une vocation prononcée pour la typographie. Elève des Dubuc, le jeune campagnard, formé à leur école, les avait aidés dans la composition du grand ouvrage de Cousin-Despréaux.

Initié aux secrets de son art, il ne lui manqua pour mieux réussir que des temps plus favorables. Imprimeur pendant vingt ans (de 1791 à 1810) Godeby n'a laissé son nom sur aucun ouvrage important, mais il faut s'en prendre beaucoup plus aux circonstances qu'à lui-même. La France alors entrait dans la carrière des révolutions. L'industrie végétait, le commerce était aux abois. La guerre devenue interminable absorbait toute l'activité humaine. L'anarchie était dans l'état et dans les esprits. Or, rien n'est plus funeste que le trouble aux productions de l'esprit humain. La pensée est une fleur qui ne s'épanouit guère qu'à l'ombre de l'olivier de la paix.

Toute la vie de Godeby se consuma en proclamations, adresses, circulaires, mémoires, jugements, lettres et factures. Aussi sa signature ne brille guère qu'au bas de quelques affiches révolutionnaires, ou en tête de quelques brochures d'une minime valeur. Nous ne pouvons nous empêcher de citer comme échantillon du genre, *l'Avertissement fait par l'administration du district révolutionnaire de Dieppe concernant l'émigration et la déportation, délivré le 3 pluviôse an III (22 janvier 1795) et imprimé chez L.-C. Godeby, imprimeur du district et de la municipalité, rue Halle-au Blé, et un Jugement rendu par le conseil de guerre de la 15e division militaire séant a Dieppe le 15 messidor an VI (29 juin 1798).* Godeby, toujours halle au Blé, y prend le titre *d'imprimeur des autorités constituées.*

Enfin ses plus importants travaux sont un opuscule de 35 pages in-8° imprimé en thermidor an VIII (juillet-août 1800) *en résultance d'une délibération de la municipalité de Dieppe,* sous ce titre : *Observations des Commerçants de Dieppe, adressées au citoyen Noël contre le canal de navigation intérieure depuis Dieppe jusqu'a Paris,* et un *Office de St-Joseph,* de 32 pages in-8° pour une confrérie de la paroisse St-Jacques.

Avant de terminer la notice nécrologique de Godeby, nous devons faire connaître une circonstance particulière de sa vie, qui nous révèle en même temps le séjour qu'aurait fait parmi nous une de nos récentes célébrités universitaires.

Vers 1798, M. Burnouf, qui devint plus tard inspecteur-général des études et auteur d'une grammaire grecque que nous avons tous suivie, était à Dieppe alors simple commis chez M. Castel, négociant, qui fut député sous la Restauration et membre des conseils-généraux du commerce et de la Seine-Inférieure. Ce jeune grammairien, qui connaissait Godeby et qui l'estimait à cause de ses qualités personnelles, vit avec peine qu'un typographe, si actif et si zélé pour son art, n'eût pas les connaissances grammaticales exigées pour sa perfection de son état. Les imprimés sortaient de son atelier souillés de fautes grossières. Le généreux commis conçut la pensée de se dévouer pour le père de famille. Dans ses momens de loisir, il se fit prote volontaire et correcteur d'épreuves. A force de travail et d'assiduité, il parvint à donner du relief à l'établissement, et la maison Godeby fut bientôt citée pour une des meilleures imprimeries de province.

Godeby demeura tantôt *Grande-Rue*, n° 184 (1), tantôt *rue Halle-au-Blé*, n° 7. Décédé le 29 mai 1810, dans toute la force de l'âge, le pauvre imprimeur mourut avec la liberté de son art (2). Il ne vit point asservie, sous la main de fer d'un despote, une institution qui est le fondement et la sauvegarde de toutes les libertés publiques et particulières.

Mais revenons une dernière fois à la famille Dubuc qui va disparaître pour toujours de la scène biblio-typographique. Après la mort de Gorsas, arrivée le 8 octobre 1793, Dubuc, dont l'industrie était à peu près éteinte, revint à Dieppe bien désillusionné. Sa place était prise et occupée par un homme avec qui il avait traité lui-même de son brevet et de sa clientèle. N'importe, il n'en ouvrit pas moins une nouvelle imprimerie dans la Grande-Rue, en face de la place d'Armes, dans la maison qui porte aujourd'hui le n° 50. La librairie alors et la typographie étaient libres comme toutes les autres industries. Aucun obstacle matériel ne s'opposait donc à cette création qui n'eut d'autre résultat que la ruine des deux établissements rivaux. Pendant cette nouvelle phase de son existence, nous ne connaissons guère de Dubuc qu'un *Avis de MM. les desservant, vicaires, et autres ecclésiastiques de la succursale de Saint-Remi à leurs paroissiens pour l'établissement d'une association de charité*, imprimé en ventôse an XII (février-mars 1804).

Cette chétive brochure nous est restée comme le tes-

(1) C'est dans cette maison qu'il imprima la *Délibération ou tarif relatifs au droit de location des places dans les halles et marchés*, in-12 de 12 pages, à Dieppe chez Godeby, Grande-Rue, près le Puits-Salé, numéro 16. — 30 floréal an XI de la République (19 mai 1803).

(2) Décrets du 5 février 1810 et du 11 février 1811.

tament d'une dynastie d'imprimeurs dont le règne, un
instant glorieux, s'éteignit dans la plus complète obscu-
rité, le 1er juin 1810. Le sceptre alors partagé long-temps
entre le maître et l'élève, tomba un moment en que-
nouille. La veuve Godeby réunit quelques mois sur sa
tête les deux établissements qui, en 1811, se fondirent
entièrement dans les mains de M. Corsange, gendre et
élève de Godeby.

M. Corsange resta seul imprimeur à Dieppe, de 1811
à 1830. Pendant cette période de vingt années il n'imprima guère que des ouvrages de ville. Encore bien des
habitants avaient-ils recours à Rouen pour des factures
ou des lettres de commerce.

Pourtant c'est à cette époque que naquit le goût des
études historiques et des recherches archéologiques.
Obligée de se replier sur elle-même, l'activité française
se tourna vers le sol pour en décrire les monuments et
en étudier l'histoire. La paix amena à Dieppe, comme
sur tous les points du littoral, d'innombrables voyageurs.
Peintres, touristes, romanciers ou baigneurs, tous de-
mandèrent à grands cris des guides et des indicateurs.
Pour satisfaire les besoins nouveaux de cette population
nomade on décrivit jusqu'au moindre village. Dieppe ne
fut pas des derniers à présenter son histoire recomman-
dable à plus d'un titre.

L'année 1824 restera dans ses fastes comme une des
plus mémorables sous tous les rapports. Cette année-là
elle recevait pour la première fois dans ses murs la duchesse de Berry qui venait donner à nos bains un relief
et une renommée qui durent encore. En même temps,
et comme pour faire à d'illustres étrangers les honneurs
de la vieille cité, deux livres parurent à la fois : le premier est un *Indicateur de Dieppe contenant le nom
et la demeure des magistrats, fonctionnaires publics
et militaires*, mis en ordre par M. Charlet, et précédé
d'une *Notice historique et statistique sur Dieppe et
ses bains*, par M. Renard, secrétaire de la chambre de commerce. Cette brochure de 148 pages in-8° a été imprimée
à Rouen, chez Mégard.

Le second ouvrage, bien autrement important, fut la
*Notice sur Dieppe, Arques et quelques monuments
circonvoisins*, par P.-J. Feret.

C'est un volume in-8° de 218 pages, édité par M. Marais, libraire, mais imprimé à Paris, chez M. J. Tastu.

Dieppe alors ne fournissait pas à la pensée des ouvriers capables de la traduire matériellement. M. Feret éprouva cette pénurie une fois de plus lorsque, deux ans après, il publia à l'usage des touristes une brochure in-12 de 188 pages, intitulée : *Dieppe en 1826 ou lettres du vicomte *** à milord ****, imprimée à Rouen, chez Mégard, l'année même de sa composition.

Il en fut de même des œuvres archéologiques.

Obéissant à l'impulsion déjà donnée en Normandie à l'étude des antiquités locales, M. Feret aîné transporta le théâtre de ses explorations du cabinet à la plaine, de la bibliothèque au camp de César. Il quitta la plume pour la bêche, et, lui-même, la pioche à la main, commença dans la cité de Limes une série de fouilles dont il publia les intéressants résultats dans le *Bulletin de la Société d'Emulation de Rouen* (1), et dans *Les Mémoires de la Société des Antiquaires de Normandie* (2).

Le flambeau allumé par la science fut entretenu par le pouvoir. La duchesse de Berry, cette fille de Parthenope, aimait les fouilles historiques comme un souvenir de sa patrie. Non contente de les protéger par d'abondantes souscriptions, elle les honorait de sa présence, et un de ses passe-temps les plus doux était de visiter les *villas* de Braquemont, les *tuguria* de la cité de Limes et les sépultures de Caudecôte. Elle-même ne dédaignait pas de remuer avec ses doigts délicats la poussière des âges. Par la pensée, elle se reportait en Italie, et ces modestes découvertes avaient l'avantage de lui rappeler les grands monuments d'Herculanum et de Pompéïa, près desquels s'était écoulée son enfance.

De légers opuscules furent consacrés par M. Feret à exposer le récit de ces fouilles patronnées par la princesse. Les deux brochures, où vivent ces narrations, toutes minces qu'elles sont par leur importance typographique, ne furent point imprimées à Dieppe. Il fallut les faire composer et tirer à Rouen, chez Baudry, imprimeur du *Journal* (3).

(1) Année 1825. — *Du camp de César et de la cité de Limes, monument voisin de la ville de Dieppe*, par P.-J. Feret, in-8° de 18 pages avec planches. Rouen, Baudry, 1825.

(2) Année 1826, de la page 1 à la page 101.

(3) *Souscription pour la recherche et la décou-*

Enfin un dernier travail, fort important, que nous devons mentionner avec toute la distinction qu'il mérite, est un in-folio intitulé : *Théâtre de Dieppe, vingt planches in-folio avec texte explicatif,* par P. Frissard, ingénieur du corps royal des ponts-et-chaussées, et ancien élève de l'école polytechnique, Paris, 1827, chez Carilian-Gœuvy, quai des Augustins, 43, et chez Auselin, libraire, rue Dauphine, 9.

Cet ouvrage renferme dans ses 32 pages de texte l'historique, les détails, les devis et l'état des fournitures du théâtre de Dieppe, construit en 1826. Les plans, coupes et dessins remplissent vingt planches gravées sur cuivre, très-nettes et très-soignées. Cette collection, infiniment remarquable pour le pays, est l'œuvre de trois artistes, MM. Monnoyeur, Amédée Feret et Adam, de Paris. Au seul aspect de ce monument graphique, il est aisé de juger que dans aucune phase de son existence, l'imprimerie dieppoise n'aurait pu produire un si puissant labeur.

Toutefois il ne faudrait pas croire que M. Corsange restât entièrement étranger au mouvement intellectuel qui se manifesta pendant ces vingts années de centralisation universelle. Il nous tarde de le montrer à l'œuvre, secondant dans la mesure de ses forces les travaux de la localité.

M. Corsange s'est associé au passage de la duchesse de Berry, lors de la fête militaire qui lui fut donnée sur le champ de bataille illustré par *Henry de Bourbon,* son aïeul. Une colonne commémorative, érigée au moyen d'une souscription recueillie sur les lieux mêmes, consacra pour long-temps le souvenir du combat de 1589, et de la fête de 1827. C'est alors que M. Corsange publia un in-12 de 14 pages, intitulé : *Souvenirs de la bataille d'Arques, fête donnée à la duchesse de Berry, le 6 septembre 1827.* Il est fâcheux que la petit-efille de Henri IV n'ait pas choisi pour célébrer la mémoire de son royal ancêtre le 21 septembre qui fut le jour de son triomphe. M. Reiset fut mieux inspiré en 1845, lorsqu'il inaugura sur la porte du château d'Arques un bas-relief

verte des antiquités dans l'arrondissement de Dieppe, in-8° de 18 pages. Rouen, Baudry, 1826 — *Société archéologique de l'arrondissement de Dieppe,* in-8° de 32 pages. Rouen, Baudry, 1828.

en l'honneur du seul roi dont le peuple ait gardé la mé -
moire.

Mais laissons le terrain de l'histoire locale pour entrer
dans le domaine de la science et de la littérature.

Un brave homme, parfaitement classique, représentant à Dieppe les *humanités* auxquelles il s'était voué
corps et âme, Antoine-Vincent Morin, professeur de
sixième au collége communal de cette ville, aimait d'un
amour égal la jeunesse française et l'antiquité latine.
Dans l'intérêt bien entendu de ces deux respectables
corporations, il publia en 1819 un petit in-12 de 125
pages auquel il donna un titre singulier à cause des
deux langues qui en font les honneurs : *Historiæ uni-
versalis ab orbe condito usque ad Romam fondatam
Epitome, quinque libris absoluta*, par M. Morin *(sic)*
professeur au collége de Dieppe. Corsange, Grande-Rue,
nº 153. — L'auteur destinait sans doute ce petit livre
à rivaliser avec l'*Epitome* de LHomond, qui est resté
populaire.

M. Morin, toujours zélé, toujours infatigable, publia
encore deux opuscules qui sont comme son testament
littéraire, car nous ne connaissons plus rien de ce digne
professeur qui mourut dans une honorable retraite le
3 juillet 1839. Il faut dire que depuis long-temps ses
ouvrages l'y avaient précédé. — *Nouvel essai d'un
abrégé de géographie pour les enfants*, par A. V. Morin,
in-8º de 36 pages. Dieppe, Corsange, 1821. — *Tableau
chronologique de l'histoire tant sacrée que profane*,
par Morin, in-8º de 30 pages. Dieppe, Corsange, 1823.

Dès 1816, M. Corsange avait fait paraître un in-12 de
115 pages, sous ce titre : *Eléments du Christianisme
ou abrégé des vertus et des devoirs de la religion
chrétienne*, et en 1819 il avait publié une *Instruction
sur l'usage des médicaments embarqués à bord des
navires de commerce*. Enfin nous citerons de lui, avec
éloge, un cahier de six feuilles grand in-folio, à
deux colonnes, composé en petit romain pour la Chambre de commerce. C'est un mémoire de M. Renard, intitulé : *Réponses aux questions adressées par S. Ex. le
ministre de la marine, touchant la pêche qui se fait
avec le chalut, cauche ou chausse*. 22 pages, Corsange,
1821.

On doit savoir gré à M. Corsange d'avoir fondé en
1815, dans l'intérêt du commerce, une feuille d'affiches

et d'annonces, la première publication périodique qui ait paru à Dieppe jusqu'à la création du *Mémorial dieppois* en 1831. Par cette feuille commerciale bi-hebdomadaire, M. Corsange a posé la base du journalisme à Dieppe, et c'est à lui que revient naturellement la gloire d'avoir eu parmi nous la première idée de cette grande institution.

A partir de 1830 jusqu'en 1843, époque où il cessa entièrement les affaires, le doyen des typographes dieppois prend part au mouvement qui anime et vivifie la presse locale. Participant à l'impulsion générale donnée autour de lui, M. Corsange agrandit son atelier, augmente son matériel et redouble d'activité. Aussi dans l'espace de treize années, les dernières de sa vie de travailleur, cet ouvrier de la pensée met au jour les ouvrages suivants : *Méthode abrégée pour se préparer à la première communion*, 25 pages in-12. Dieppe. Corsange, 1836. — *Essai de cantiques pour les dimanches et fêtes de l'année*, in-12 de 254 pages Dieppe, Corsange, 1838. — *Le Guide des baigneurs à Dieppe et dans les environs*, par M. Chauvet, professeur au collège, in-12 de 80 pages. Dieppe, Corsange, 1838. — *Office de Notre-Dame du Mont-Carmel*, in-12 de 8 pages, 1840. — *Sermon pour la fête de Saint Sauveur, patron des matelots d'Etretat*, par M. l'abbé Cochet, in-8° de 18 pages. Dieppe, Corsange, Halle-au-Blé, 1842

Mais le véritable labeur de M. Corsange, l'œuvre capitale sortie de ses mains, celle à laquelle on peut dire qu'il a attaché son nom, ce sont les *Etudes littéraires et philosophiques*, fort volume in-8° de 480 pages publié en 1841, par C.-A.-N. Maignien, professeur de philosophie au collège de Dieppe, membre des Académies de Cambray, de Dijon et de Grenoble.

Ce littérateur de mérite, qui est devenu doyen de la Faculté des lettres de Besançon, traita dans son livre diverses questions fort intéressantes de littérature tant ancienne que moderne. A propos des langues antiques, il fit de nombreuses citations d'auteurs grecs qui obligèrent M. Corsange à acheter des caractères helléniques et à les mettre en œuvre, ce qui n'était pas une petite besogne. Aussi M. Corsange parle-t-il de ce livre comme Hercule de ses travaux. A présent, il se croise les bras et il dit avec le poëte : « *Exegi monumentum !* »

1830 ouvre une ère nouvelle pour la typographie dieppoise. Cette année-là, on créé une seconde imprimerie qui sera bientôt suivie d'une troisième.

Dès les premiers mois de cette mémorable année, M. Marais, libraire à Dieppe, obtint un brevet d'imprimeur qui passa à sa veuve peu de temps après. Cette dame édita en septembre 1830 un opuscule in-8° de 56 pages, intitulé : *De l'Instruction*, par un ancien élève de l'école normale. Nous ignorons si cette première livraison fut suivie de plusieurs autres.

Vers la fin de la même année parut encore, chez Mme Marais, une brochure in-18 de 105 pages ayant pour titre : *Des invasions de l'intelligence, ou puissance de l'opinion*, dédiée à M. Guizot, par P.-A. Aubin, professeur au collège communal de Dieppe. Ce petit travail, déclaré imprimé chez Mme Marais, Grande-Rue, numéro 41, le fut effectivement, mais dans l'atelier situé au fond de la cour du numéro 94. C'est dans cette espèce d'antre de la Sybille, que Mme Marais commença à imprimer le *Mémorial dieppois* en 1831; mais bientôt après elle vendit son imprimerie, à M. Delevoye-Barrier qui, en 1840, laissa à son fils, M. Emile Delevoye, le matériel et le brevet.

En 1836, un troisième brevet fut créé en faveur de M. A. Levasseur qui en 1842 en fit la cession à M. de Montferrier, lequel le rétrocéda en 1844 à M. S.-J.-B. Lefebvre.

Nous allons donner ici, rangées dans l'ordre chronologique, les productions de ces cinq derniers imprimeurs.

1° M. Delevoye-Barrier, 1831-40 :

Rapport de la commission chargée de présenter le budget de la ville pour 1834, in-4° de 79 pages. 1834.

Office de Saint-Remi, archevêque de Reims et patron de la paroisse Saint-Remi, Dieppe, 1834. Ve Baillet, libraire-éditeur.

Quoi?.... tout ce qu'il vous plaira, par Mlle Billotey, in-12 de 172 pages, juillet, 1834.

M. Delevoye-Barrier publia encore, sous le nom de cette jeune fille, morte à 19 ans, une œuvre posthume qui fut retouchée par Auguste Luchet, romancier dieppois. Cet in-8° de 331 pages, qui eut peu de succès et qui retomba tout entier à la charge de l'éditeur, avait pour titre : *L'Agent de change, esquisse de mœurs;*

par Mlle Elisa Billotey, auteur de *Quoi ?* Dieppe, Delevoye-Barrier, imprimeur-éditeur, 1857 (1).

Une autre opération, qui fut également onéreuse pour la presse dieppoise, et qui absorbait les bénéfices du travail journalier, fut une brochure compacte et chargée de chiffres, publiée par M. Julien, principal du collège de Dieppe, sous le nom de *Arithmétique usuelle*, in-12 de 156 pages. Delevoye-Barrier, imprimeur-éditeur, Grande-Rue, 108. septembre 1855.

Almanach indicateur de Dieppe, pour l'année 1855, petit in-8º de 167 pages, composé par M. Ph. Burgade, professeur à l'école royale d'hydrographie de cette ville. C'est le premier almanach publié à Dieppe : pourtant il ne se vendit pas, aussi l'entreprise tomba pour ne se relever que dix ans plus tard, tant il est vrai que les choses ne peuvent venir qu'en leur temps.

Abrégé de la vie de Saint-Thomas de Cantorbery, patron de Pourville, in-12 de 14 pages, 1857.

Promenades autour de Dieppe, vallée d'Arques. le bourg, le château, le champ de bataille, in-18 de 148 pages. Delevoye-Barrier, 1858. — Ce joli petit ouvrage, composé par M. Feret, eut plusieurs éditions. C'est la réunion de quelques articles publiés par le *Mémorial dieppois*.

Manuel des personnes associées à la confrérie du Saint-Rosaire. érigée en la paroisse Saint-Jacques de Dieppe, petit in-12 de 76 pages, 1858.

Chasse et pêche des gros animaux, principalement des baleines et autres cétacées, au moyen de l'acide prussique, par M. Giffard, de Blosseville, canton de Saint-Valery-en-Caux, in-8º de 67 pages. Dieppe, Delevoye-Barrier, Grande-Rue. 108. 1858.

Allocution prononcée le 24 mai 1839 dans la chapelle de l'établissement de la manufacture de dentelles de Dieppe, à l'occasion de la fête de Saint-François Régis, patron de l'association formée en faveur des orphelines de l'établissement, par M. l'abbé Vanier, vicaire de Saint-Jacques, in-8º de 15 pages, Delevoye-Barrier, 1839.

2º M. Emile Delevoye, 1840-1849.

La famille Delevoye, est pour l'imprimerie dieppoise,

(1) Marie-Elisa Billotey, née à Commercy (Meuse), mourut à Tocqueville-en-Caux, la 21 octobre 1834.

la famille Dubuc du xixe siècle. Mais dans cette dernière dynastie typographique, le fils surpasse le père, *filius antè patrem*. M. Delevoye fils a mis son nom sur un grand nombre d'ouvrages dont plusieurs ne manquent pas d'importance. Ce jeune imprimeur ne s'est pas contenté de travailler pour la localité, il a composé des ouvrages pour la capitale. En 1841 il traita avec M. Hippolyte Souverain, libraire de Paris, et il imprima pour cet éditeur deux romans de Jules Lecomte et de Michel Masson.

Nous donnerons ici, dans l'ordre chronologique, la longue série des productions littéraires sorties de son atelier; elle donne un peu la physionomie de l'esprit humain à notre époque. C'est une mosaïque qui, pour être neuve, n'en n'est pas moins curieuse.

Les derniers conseils ou conversations entre une institutrice et ses elèves, par Mlle Agathe Méliot, in-8° de 250 pages, Dieppe, Emile Delevoye, 1841.

Discours prononcé le 24 mai 1841 dans la chapelle de la manufacture des dentelles, le jour de la fête de Saint François-Regis, patron des orphelines de Dieppe, par M. l'abbé Cochet, vicaire de Saint-Remi, in-8° de 12 pages. Dieppe, Emile Delevoye, 1841.

Office solennel de la fête de Saint-Joseph, patron de la chapelle de l'hospice général de Dieppe, in-12 de 12 pages. E. Delevoye, 1842.

Rapport pour l'établissement d'une société charitable de Saint-François-Régis à Dieppe, fait par l'un de ses membres, le 28 février 1842, in-12 de 12 pages. Em. Delevoye, 1842.

Aventures galantes d'un tenor italien, par Jules Lecomte, 2 vol. in-8° contenant 690 pages. Dieppe, Emile Delevoye, 1842.

Assemblée générale des membres de la Société humaine, in-8° de 15 pages, 1842.

Notice sur la vie de M. P.-A. Doudement, décédé le 29 octobre 1843, chanoine de Rouen et de Bayeux, curé de Saint Jacques de Dieppe, par M. l'abbé Masson-Bourgeois, aumônier du collége de Dieppe, in-8° de 54 pages. E. Delevoye, rue Duquesne, 5, 1843.

Rose Himmel, par Michel Masson, in 8° de 317 pages. Dieppe, Em. Delevoye, 1843.

Recueil de saints cantiques. Dieppe. Em. Delevoye.

Esquisses de la vie de Duquesne, par P.-J. Feret,

in-12 de 67 pages avec plusieurs lithographies. Dieppe, Emile Delevoye 1844.

Chants sur Duquesne, 8 pages. Delevoye, 1844.

Office de Saint-Remi, archevêque de Reims et patron de la paroisse Saint-Remy. Dieppe, Emile Delevoye, 1844, Mᵐᵉ Quesnel-Hellot, éditeur.

Inauguration d la statue de Duquesne, compte-rendu des fêtes données par la ville de Dieppe, (par M. Lefebvre), in-8° de 16 pages. Delevoye, 1844.

OEuvres de Lord Byron, traduites en vers français, par Pascal Ramé et Orby Hunter. — *Dom Juan*, 1 vol. in-8°. E. Delevoye, 1845.

Epîtres et Evangiles, à l'usage des écoles chrétiennes, in-18 de 264 pages. E. Delevoye, 1845. — Une seconde édition a paru chez le même imprimeur en 1848.

Office de la conversion de Saint-Paul, patron de la paroisse d'Aubermesnil, in-8° de 16 pages. E. Delevoye, 1845.

Discours sur la prédestination, par Réville, pasteur de l'église réformée de Dieppe, in-8° de 19 pages. Dieppe, E. Delevoye, 1845.

Discours sur l'utilité de l'anatomie, pour l'homme religieux, pour l'homme du monde et pour l'artiste, par S. Navet, in-8° de 32 pages. Dieppe, Delevoye, 1845.

Guide à Dieppe et aux environs, in 12 de 218 pages. Dieppe, E. Delevoye.

Galerie dieppoise ou notices biographiques sur les hommes célèbres de Dieppe, in-8° de 12 feuilles, E Delevoye, rue Duquesne, numéro 5, 1846. — Tiré à 50 exemplaires seulement.

Lettre à M l'archevêque de Dublin, suivie d'un discours sur la dépravation humaine, par Réville, pasteur de l'église réformée de Dieppe, in-8° de 61 pages. E. Delevoye, 1847.

Une leçon de littérature moderne, dialogue satirique, par Amédée Jourdain, in-8° de 48 pages. E. Delevoye, 1847.

Coup-d'œil sur les doctrines de M. Proudhon, par Gustave Louis in-18 de 47 pages. E. Delevoye, 1848.

Les trois Témoins, par N.-A.-F. Poaux, discours prêché le 22 septembre 1848 dans le temple de Luneray, in-8° de 16 pages. E. Delevoye, 1848.

Un mariage par procuration, Comédie-vaudeville en un acte, par Raimond Deslandes, in-8° de 40 pages, Delevoye, 1848.

Depuis cinq ans, M. Delevoye a entrepris l'œuvre de la publication régulière d'un almanach de Dieppe. Nous terminerons le chapitre qui le concerne par l'énumération des livraisons qui ont paru.

1° *Almanach de Dieppe et de l'arrondissement pour 1845*, petit in-8° de 240 pages. Il renferme un récit de l'inauguration de la statue de Duquesne, un guide du baigneur, quelques mots sur Dieppe et ses grands hommes, et une biographie du sculpteur Graillon.

2° *Almanach de Dieppe et de l'arrondissement pour 1846*, petit in-8° de 240 pages. On y trouve des renseignements sur l'ancien Dieppe et sur la découverte du cimetière romain de Neuville-le-Pollet, avec une planche contenant 30 vases lithographiés.

3° *Almanach de Dieppe et de l'arrondissement pour 1847*, petit in-8° de 224 pages. Il contient des notices sur Auffay, Offranville et Saint-Nicolas-d'Alihermont, par le docteur Légal.

4° *Almanach de Dieppe et de l'arrondissement pour 1848*, petit in-8° de 224 pages.

5° *Almanach de Dieppe et de l'arrondissement pour 1849*, petit in-8° de 208 pages. On y distingue un calendrier fort bien rédigé d'après le martyrologe du diocèse de Rouen, et des éphemérides dieppoises, par M. l'abbé Malais.

5° M. Levasseur, 1836-42, 1844-49.

L'imprimerie de M. Levasseur fut créée en 1836, dans un but presque exclusivement politique. Sa destination principale avait été la publication de *la Vigie de Dieppe*, journal fondé par M. Levasseur et qui parait encore sous son nom après douze ans d'une existence non interrompue. On conçoit que sous le coup de cette préoccupation, M. Levassseur ait rarement attaché son nom à des imprimés autres que ceux de la presse périodique. Toutefois nous signalerons de lui quelques travaux d'un mérite véritable.

En 1841, M. Levasseur publia deux beaux volumes in-8° de 550 à 4'0 pages chacun, composés et tirés avec beaucoup de soin. Ce sont les *Odes choisies d'Horace, traduites en Français*, par M. Edouard Neveu. Cette production, qui n'est pas sans valeur littéraire, fait le plus grand honneur à la conscience et à la probité de l'éditeur.

Le même M. Levasseur composa, dans le cours des

années 1841 et 1842, un grand travail de M. H. Crevier qui compte 5 vol. in-8° et 789 pages. Il a pour titre : *Table générale, par ordre alphabétique, du recueil des actes des corps administratifs et particulièrement de la préfecture de la Seine-Inférieure*, par H. Crevier.

Le frontispice du livre indique l'imprimerie de M. E. de Montferrier (1), rue Duquesne, numéro 5, et les années 1842 et 1843. Mais il est vrai de dire que si l'un a eu l'honneur, l'autre a eu la peine. C'est toujours la vieille devise : *tulit alter honores.*

Complétons le bilan de M. Levasseur par trois ou quatre opuscules tels que : *l'Office pour la fête de la compassion de la Sainte Vierge*, in-12 de 8 pages, 1840 ; le livre pour la *Société sous l'invocation de N.-D. de Bon-Secours*, contenant *les notice, statuts, règlements, cantique et prose, paroisse Saint-Jacques de Dieppe*, in-18 de 56 pages, composé par M. l'abbé Lefrançois ; le récit de l'*Inauguration du buste de Bouzard sur la jetée de Dieppe, le 15 août 1846*, in-8° de 16 pages, rédigé par M. l'abbé Cochet ; Un *Discours prononcé à la distribution des prix du collège de Dieppe, le 10 août 1848*, par M. Gallien, in-8° de 15 pages, et enfin cette *Histoire de l'imprimerie à Dieppe*, tirée à cent exemplaires seulement. C'est le tirage à part de six articles publiés par le journal *la Vigie de Dieppe*, dans le courant de l'année 1848 (2)

5° **M. S.-J.-B. Lefebvre, 1844-48.**

Pendant toute sa carrière d'imprimeur, qui ne dura pas moins de cinq années, M. Lefebvre n'a attaché son nom qu'à un seul ouvrage, mais c'est le plus important pour la valeur typographique. Nous voulons parler des *Églises de l'arrondissement de Dieppe*, publiées en

(1) Pendant sa courte apparition de deux années à la rédaction et à l'imprimerie de *la Vigie de Dieppe*, M. de Montferrier édita quelques brochures parmi lesquelles nous citerons : *L'essai sur les bibliothèques administratives*, par Léon Vidal, in-8° de 100 pages, 1843.

(2) *Vigie de Dieppe* des 22 août, 12 septembre, 24 novembre, 1er et 15 décembre 1848.

1846, par M. l'abbé Cochet. C'est un volume in-8° de 289 pages, imprimé en caractères neufs, sur papier grand raisin. Le couvert du livre est orné d'un dessin qui rappelle les illustrations ecclésiastiques de l'arrondissement de Dieppe ; l'intérieur est enrichi de vignettes et de six belles lithographies représentant les principales églises du pays. Elles sont dues au crayon de M. de Jolimont, dessinateur habile, fort connu par de nombreuses publications artistiques. Le tirage en a été fait à Moulins, chez M. Desrosiers, éditeur de *l'Art en Province*, de *l'Ancienne Auvergne*, et de *l'Ancien Bourbonnais*. Rien n'a été épargné pour la perfection matérielle de l'œuvre. Aussi, cet ouvrage par la beauté de son caractère et le fini de l'exécution, fait le plus grand honneur aux presses dieppoises. C'est un petit chef-d'œuvre de typographie provinciale. Nous avons connu des bibliophiles distingués qui ne pouvaient croire qu'un volume si élégant ait été composé à Dieppe. C'est qu'en effet il ne laisse presque rien à envier aux meilleurs ouvrages de ce genre publiés dans la capitale.

Puisse l'imprimerie dieppoise marcher toujours dans cette voie d'amélioration et de progrès. Jamais ses forces n'ont été plus vives, ni mieux combinées. Elle compte vingt ouvriers expérimentés travaillant sous trois chefs habiles. Elle possède un matériel considérable et approprié à tous les besoins. Puisse-t-elle, avec tant d'éléments de prospérité, nous faire revivre les grandes œuvres des règnes de Louis XVI et de Louis XIV, et renouveler sous la République les merveilles qu'elle a opérées sous la monarchie ! Heureux nous-même de voir nos modestes travaux associés par elle à ceux de Guillaume Denys et de Cousin-Despréaux !

✳✳✳✳✳✳✳✳✳✳✳✳✳✳✳✳✳✳✳✳✳✳✳✳✳✳✳✳✳✳✳✳✳

Pour compléter cette *Histoire de l'Imprimerie à Dieppe*, nous ne pouvons nous dispenser d'ajouter un chapitre sur la presse périodique. Mais dans cette biographie du journalisme, nous aurons soin d'éviter toute appréciation politique ou littéraire des hommes et des choses. Nous nous contenterons de révéler le nom des journaux, des rédacteurs, des gérants et des imprimeurs: ce sera un nécrologue et une table des matières.

A Dieppe, comme à Rouen, comme au Havre, la première feuille périodique fut uniquement commerciale. Le 19 février 1815, M. Corsange publia pour la première fois une petite feuille in-8° intitulée : *Répertoire des négociants, des notaires, des officiers ministériels, ou feuille d'annonces et avis divers de la ville de Dieppe.* Cet essai parut le dimanche et le jeudi. Mais le 7 janvier 1826, M. Corsange donna à sa feuille le nom de *Journal d'annonces judiciaires, affiches et avis divers de la ville de Dieppe.* Enfin le 5 janvier 1832, il rebaptisa encore cet enfant de sa prédilection et en l'élevant jusqu'à l'in-4°, il l'appela : *Feuille ou journal d'affiches, annonces judiciaires et avis divers de la ville et de l'arrondissement de Dieppe. Industrie, commerce, beaux-arts, littérature.*

Cette feuille commerciale continua ainsi sa course jusqu'au 20 mai 1834, où elle grandit et devint politique. Elle prit le titre de *Journal de Dieppe et de l'arrondissement*, paraissant le samedi et le mercredi. M. Corsange en était l'imprimeur, MM. Briffard et Cappon, gérants responsables, et M. Lemire, rédacteur. Ce journal dura juste deux ans, pendant lesquels il donna 208 numéros. Arrivé au numéro 209, le 21 mai 1836, il fut abandonné par ses patrons, et redevint une *Feuille ou journal d'affiches, annonces judiciaires, avis divers de Dieppe et de l'arrondissement.*

Cette nouvelle transformation dura jusqu'au numéro 235, 20 août 1836. Pendant cette période, M. Corsange signe comme propriétaire-éditeur.

Le 24 août 1836, nouveau titre, nouvelle combinaison, *Le Phare* commence à paraître avec un 1er numéro. Le journal politique et la feuille commerciale, une seconde fois confondus, se montrent sous cette rubrique : *Phare de Dieppe, feuille d'affiches, annonces judiciaires, avis divers de la ville et de l'arrondissement, (créée en 1815, par M. Corsange). Le Phare* dura ainsi jusqu'au 16 mars 1842. Alors il prit le double titre de *Phare de Dieppe* et de *Feuille d'annonces judiciaires*, toujours sous la propriété de M. Corsange, son imprimeur. Le dernier de ses rédacteurs fut M. Octave Féré, aujourd'hui au *Mémorial de Rouen*.

Le *Phare* cessa de paraître le 1er février 1843. Il était arrivé à sa neuvième année comme feuille politique, et à sa vingt-neuvième comme feuille d'annonces. C'est, sous ce dernier rapport, le doyen des journaux de Dieppe. Comme journal politique il a compté 669 numéros, et comme feuille d'annonces 2.278. En février 1843, l'imprimerie de M. Corsange passa avec son brevet, à M. A. Levasseur.

La première publication politique et municipale de Dieppe, la plus importante sous le rapport des matières, celle dont l'existence littéraire a été la plus brillante, fut le *Mémorial dieppois* créé le 1er février 1831. D'abord feuille d'annonces et de nouvelles, il paraissait le mardi seulement et était imprimé par Mme Ve Marais. Le 17 mai 1831, il fut cédé ainsi que l'établissement typographique, à M. Delevoye-Barrier, mais le 20 juillet de la même année commença sa vie politique. Il paraissait le dimanche et le mercredi. MM. Feret aîné et Jules Delamare signaient comme gérants-responsables. La rédaction était confiée à un comité d'hommes capables qui y donnaient gratuitement tous leurs soins. C'étaient MM. P.-J. Feret, Ch. Lebon, Al. Blanquet, Jourdain et Jules Delamare. Cette réunion cessa d'exister vers 1839. Le *Mémorial* devenu la propriété de M. Delevoye-Barrier, eut pour rédacteur appointé M. Thibaut qui le continua jusqu'au 14 janvier 1842. Alors il cessa entièrement de paraître, écrasé par la loi-Vivien sur les annonces judiciaires. Il avait duré 11 ans et donné 1,117 numéros.

Le *Mémorial dieppois* a été une cause de progrès pour notre imprimerie locale. C'est à lui qu'on doit l'introduction de la lithographie à Dieppe. Le comité de rédaction, aidé par plusieurs bons citoyens (1), gratifia des essais de cet art nouveau les abonnés de son journal. M. Delevoye-Barrier posséda et tira la première pierre dessinée par M. Amédée Feret. Tous deux ont la gloire d'avoir été les premiers lithographes de Dieppe. La collection du *Mémorial* a cela de précieux qu'elle renferme les premiers rudiments de cette industrie naissante. Ce fut le 4er juin 1834 que M. A. Feret dessina pour la feuille de son frère l'allégorie du Temps apportant à Dieppe le flambeau moderne avec cette devise : « *Le progrès est dans la main du temps.* » Le 12 juin paraissait une *dentellière*; le 26, *le Polletais chez son curé*; le 29, *un renard marin échoué à Varengeville*; le 15 juillet figurait *l'abside de Sainte-Marguerite*, et le 27, *l'ancien comité des nouvellistes*. le 14 août, *la prise de la bastille de Talbot par le Dauphin, et les Dieppois en 1445*. Le 14 septembre, *le bombardement de Dieppe en 1803*. puis *les baigneuses de Brighton, le château de Mesnières, le combat naval des Dieppois contre les Flamands en 1555*. Cet art a fait des progrès depuis 1834. Nous avons eu en 1844 les lithographies qui ornent la vie de Duquesne, par M. Feret et plusieurs portraits de cet illustre marin; en 1846, la couverture illustrée du livre des *Églises de l'arrondissement de Dieppe*, et enfin en 1847, un recueil de prières, imprimé chez M. Delevoye, à l'usage de l'église anglaise de Dieppe : *The canticles of the church arranged for chanting and adapted to the music in four parts for the use of the british episcopal church* (2).

Le *Mémorial dieppois* ressuscita en 1848, après la proclamation de la République qui avait aboli le timbre et le cautionnement des journaux. Il s'intitula le *Mémorial dieppois de 1848, journal républicain*. Commencé le 23 mars, il cessa le 1er juillet de la même année, lorsqu'on rétablit le cautionnement des feuilles périodiques. Il paraissait le dimanche et le jeudi. Il produisit 29 numéros. Son fondateur fut M. P.-J. Feret, son rédacteur M. Cambier, et son imprimeur M. E. Delevoye.

Le plus ancien des journaux de Dieppe, et même le

(1) *Mémorial* du 1er juin 1834.

(2) La lithographie inventée en Allemagne en 1801, a commencé à Paris en 1816; à Rouen vers 1818, et au Havre vers 1825.

seul actuellement existant est *la Vigie de Dieppe*, fondée le 28 mai 1836, signée alors par M. H. Cappon, gérant responsable, et par M. A. Levasseur, imprimeur. Un grand nombre d'écrivains ont concouru à sa rédaction. Nous citerons entre autres MM. Mermet, de Montferrier et Lefebvre; ce dernier rédigea *la Vigie*, du 29 mai 1844 jusqu'au 3 mars 1848. Cette feuille qui paraît le mardi et le vendredi, a fourni depuis sa naissance jusqu'au 15 février 1849, 1,550 numéros.

Il a encore paru à Dieppe un autre journal politique dont l'existence n'a pas été de longue durée; nous voulons parler du *Pilote de Dieppe* créé en grande partie par M. Levavasseur. Il commença le 1er novembre 1845 et finit le 1er mars 1847, après avoir donné 139 numéros. Ses rédacteurs furent MM. Seine Davenay et Félix Morel. Il paraissait le mercredi et le samedi, et était imprimé chez M. E. Delevoye.

Ici s'arrête naturellement notre tâche de chroniqueur. Cependant nous ne pouvons passer sous silence quelques feuilles purement littéraires qui, comme des papillons, n'ont eu qu'une existence éphémère. Dans ce genre de productions, nous mettrons en première ligne le *Pilote des Baigneurs* qui parut en 1837, chez M. Levasseur, *le Parterre* et *l'Entr'acte*, imprimés chez M. Corsange en 1840, et qui étaient rédigés par M. Octave Féré; *l'Asmodée*, en 1841; *l'Aurore* et *l'Eclair*, en 1845.

L'Eclair rédigé par M. Raymond Deslandes, dura trois mois. *L'Aurore*, espèce d'album poétique, était rédigé par une société de littérateurs, tels que MM. Arthur de Valmont, Viè aîné, sculpteur en ivoire; Charles Desgranges, Paumelle et Duvivier. Tous ces feux-follets se produisaient pendant la saison des bains pour distraire les étrangers. *L'Aurore* et *l'Eclair* furent imprimés chez M. Delevoye.

Ce fut le même M. Delevoye qui créa en 1842 *le Courrier de Dieppe*, petit journal d'annonces et de nouvelles locales. Il paraissait le mardi et le vendredi. Mis au monde le 18 janvier 1842 pour faire suite au *Mémorial*, il expira le 7 février 1843, après avoir fourni 110 numéros.

Enfin, pour ne rien oublier, nous citerons deux essais de M. de Montferrier qui n'ont pas réussi, nous voulons parler des *Petites Affiches dieppoises* de 1842 et de *l'Etoile*, journal littéraire qui commença au mois d'aavril 1843, pour finir le 3 juillet de la même année. Il compta 52 numéros, imprimés chez M. Delevoye, le dimanche et le jeudi.

Chose rare et qui mérite d'être consignée ici, c'est que la ville de Dieppe possède la collection complète de toutes les feuilles périodiques qui ont paru depuis l'établissement du journalisme dans cette cité. En 1847, l'administration municipale acheta 600 francs la belle collection du docteur Navet, décédé en 1845, et qui, jusqu'à sa mort, avait tenu note exacte de toutes les publications périodiques dieppoises. Aussi, maintenant, on peut consulter à la bibliothèque publique *le Mémorial, le Phare, le Journal de Dieppe, l'Étoile, le Courrier* et *la Vigie*. On doit à l'obligeance et aux soins empressés de M. Lefebvre, *le Pilote de Dieppe, le Mémorial dieppois de 1848*, et la continuation de *la Vigie* à partir de 1846. On ne saurait trop remercier ce citoyen de son généreux concours.

C'est un précieux monument pour une ville qu'un semblable recueil de documents historiques. Car le journal, c'est l'histoire contemporaine écrite et discutée contradictoirement par les contemporains. Quelle source féconde de renseignements pour les chroniqueurs à venir! Comme notre histoire sera facile à écrire! Les matériaux seront si abondants qu'ils ne laisseront que l'embarras du choix. Que de lumières nous aurions aujourd'hui si l'ancienne histoire nous eût été transmise avec tant de détails. Rendons grâce aux hommes intelligents et à l'administration qui ont su garder et acquérir cet inappréciable dépôt. Puisse la ville de Dieppe le conserver long-temps et aussi précieusement qu'il le mérite!